23.7.-23.8.
23.7.-23.8.
23.7.-23.8.
23.7.-23.8.
23.7.-23.8.
23.7.-23.8.

Leselöwen-Geburtstagsbuch

Gina Ruck-Pauquèt

Geschichten für das Löwe-Kind

Zeichnungen von Petra Probst

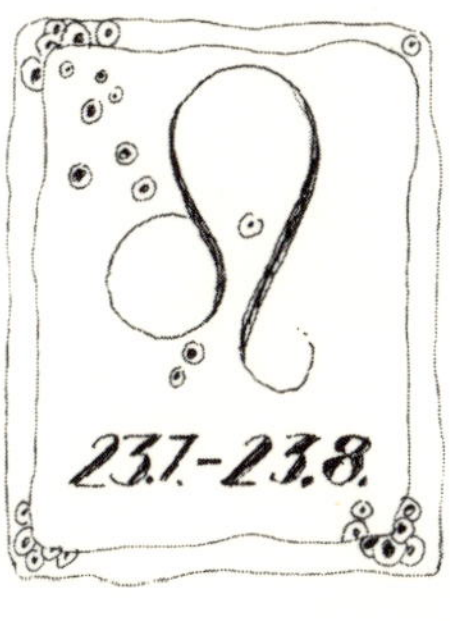

Loewe

CIP-Kurztitelaufnahme der Deutschen Bibliothek

Ruck-Pauquèt, Gina:
Leselöwen-Geburtstagsbuch / Gina Ruck-Pauquèt.
Zeichn. von Petra Probst.
Bayreuth: Loewe (Leselöwen)
Geschichten für das Löwe-Kind. – 1. Aufl. – 1983.
ISBN 3-7855-1923-0

ISBN 3-7855-1923-0 – 1. Auflage 1983

Umschlag: Petra Probst und Graupner & Partner
Satz: Meister-Satz, Hof
Druck: Brönner & Daentler, Eichstätt
Printed in Germany

Pong ist faul

Mitten in der Stadt ist ein kleiner Hügel. Auf dem Hügel steht ein weißes Haus, das aussieht wie ein Schlößchen. Ringsum blühen Sonnenblumen. In dem Haus wohnt der Pong. Der Pong war immer schon da. Er ist fröhlich und stark. Große Hände hat er wie Pranken und eine wilde Mähne. Alle Leute in der Stadt mögen ihn.

„Der Pong ist voller Kraft“, sagen sie. „Wenn er seine Muskeln spielen läßt, macht jeder große Augen.“

Aber der Pong ist auch faul. Im Sommer liegt er im Gras auf der Wiese vor seinem Haus und schaut auf die Stadt hinab. Die Hummeln summen ihm um die Nase, und er läßt sie summen. Die Wolken ziehen am Himmel entlang, und die Blumen duften. Die Ameisen krabbeln dem Pong über die Füße, und er läßt sie krabbeln.

Alles ist gut so, wie es ist. Er knöpft sein buntes Hemd auf, und die Sonne scheint ihm auf den Bauch. Die Zeit vergeht. Von der Stadt klingt das Hämmern der Goldschmiedin herauf.

Der Boxer springt vor seinem Haus herum und boxt gegen einen Sandsack. Der Katzenzüchter ruft seine Katzen. Die Puppenspielerin sitzt auf der Bank und flickt dem Kasperl die Jacke. Oma Kaiser jätet in ihrem Garten Unkraut. Und der Schausteller mit seiner Frau und den Kindern pinselt den Wagen an.

Der Pong tut nichts. Er liegt einfach da. Bis auf einmal. Da sieht er, wie unten auf der Straße ein großer Junge einen kleinen packt. Zuerst schüttelt er ihn, und dann haut er ihn, daß der Kleine weint und schreit.

Mit einem einzigen Sprung ist der Pong auf den Füßen. Er rast den Berg hinunter, und schon hat er den Burschen am Wickel.

Klatsch! Klatsch! gibt er ihm zwei Ohrfeigen, eine rechts und eine links.

Der Kleine lacht und trocknet seine Tränen. Der Pong aber stapft den Berg wieder hinauf, als ob nichts gewesen wäre. Er streckt sich, gähnt und legt sich ins Gras.

Pong verschenkt sein letztes Hemd

„Der Pong hat ein großes Herz“, sagen die Leute. „Ein Herz für alle.“

„Mir hat er geholfen, als es mir schlechtging“, sagt der Boxer.

„Und mir trägt er immer die schweren Einkaufstaschen“, sagt Oma Kaiser.

„Mir hat er einen neuen Teufel gekauft“, sagt die Puppenspielerin. „Und eine Hexe.“

Wenn die Kinder Kummer haben, laufen sie zum Pong. Der fragt nicht viel. Er setzt sie auf seine Schultern und trägt sie herum. Da sind sie bald wieder froh.

Auch die Katzen besuchen den Pong. Jeden Abend laufen sie den Berg hinauf. Ihre Augen leuchten in der Dämmerung. Dann schneidet der Pong mit seinem großen Messer große Stücke Fleisch und füttert sie alle.

„Sie werden zu dick“, sagt der Katzenzüchter.

Aber der Pong lacht nur.

Eines Tages kommt ein Bettler in die Stadt. Er ist unrasiert, und seine Kleider sind zerrissen.

„Woher kommst du?“ fragen die Leute.

„Wohin gehst du?“

„Warum arbeitest du nicht?“

Der eine gibt ihm einen Groschen und ein anderer nichts. Da geht der Bettler den Berg hinauf.

Der Pong hat eben drei Teller Rindfleischsuppe gegessen. Nun ist der Topf leer. Das Brot ist alle, und Geld hat er auch nicht. Das kommt manchmal vor, aber dem Pong macht es nichts aus. Er ist stark und kann immer Arbeit finden.

Er schaut den Bettler an. Der guckt ganz ängstlich. Aber vor dem Pong braucht man keine Angst zu haben. Er knöpft sein Hemd auf, zieht es aus und schenkt es dem Mann. Es ist zwar sein letztes Hemd, aber darüber denkt der Pong jetzt nicht nach. Er freut sich, weil der Bettler sich freut.

Eine Weile steht er noch in der Tür und schaut ihm nach, wie er den Berg wieder hinuntergeht. Eigentlich ist es gar nicht so warm, und es fängt an zu regnen. Aber der Pong friert nicht so leicht. Er steht da mit vollem Bauch und nacktem Oberkörper, spürt die Tropfen auf seiner Haut und grinst.

Pong ist der König

Der Pong ist der ungekrönte König in der Stadt. Alle Leute achten ihn.

„Manchmal gibt er ja ein bißchen an“, sagt der Mann der Goldschmiedin.

„Na ja“, Oma Kaiser lächelt. „Aber er ist ehrlich und großzügig.“

„Und nett ist er und anständig“, sagt der Boxer und stößt mit den Fäusten in der Luft nach unsichtbaren Gegnern.

Der Pong sitzt vor seinem Haus und spielt Trompete. Da auf einmal bekommt sein Lied von irgendwoher Antwort. Ein Fremder steigt den Berg hinauf und spielt Trompete wie der Pong. Eine Weile musizieren sie und starren sich an. Der eine spielt immer lauter als der andere.

„Schaut nur“, rufen die Kinder, „es ist einer gekommen, der aussieht wie der Pong!“

Da laufen die Leute hin und staunen. Der Pong läßt eben die Trompete sinken.

„Was willst du eigentlich hier?“ fragt er den Fremden.

Der lacht.

„Leben“, sagt er. „Was sonst?“

Kraftvoll und stolz steht er da, und sein Hemd ist offen bis zum Nabel.

„Die Welt ist groß“, sagt der Pong, und die ihn kennen, merken, daß er ärgerlich ist.

„Sie sind wie zwei Hähne!“ flüstert der Katzenzüchter. Die Puppenspielerin nickt.

„Ja“, sagt der Fremde, „die Welt ist groß. Du kannst ja fortgehen, wenn ich dich störe!“

Da schießt dem Pong die Zornesröte ins Gesicht. Behutsam legt er die Trompete neben sich und steht auf. Er packt den Fremden, und eine Weile ringen sie stumm miteinander. Dann hat der Pong den anderen zu Boden gezwungen.

„Jetzt verhaut er ihn!“ sagen die Leute.

„Gib's ihm!“ schreien die Kinder. „Gib's ihm!“

Aber der Pong schüttelt seine Mähne zurück und lächelt. Dann läßt er den Fremden los. Gerade aufgerichtet steht er einen Augenblick da.

„Ich spiele euch was vor“, sagt er zu den Leuten, und er nimmt seine Trompete.

„Toll ist er!“ sagt der Schausteller zu seiner Frau. „Unser Pong!“

Der Fremde aber ist inzwischen verschwunden, und keiner hat ihn jemals wiedergesehen.

Pong ist einmalig

Morgens treffen sich die Leute beim Gemüsestand auf dem Platz.

„Bei allem, was recht ist“, sagt Oma Kaiser, „manchmal kann einem der Pong auch auf die Nerven fallen! Gestern ist er einfach über den Zaun in mein Blumenbeet gesprungen. Mitten in die Stiefmütterchen! Und nur, weil einem der Kinder der Ball in meinen Garten gehüpft ist.“

„Ja wirklich!“ sagt die Puppenspielerin. „Zu mir kommt er rein und setzt sich aufs Sofa auf mein schönstes Fransenkissen!“

„Der nimmt sich ja auch das größte Stück Kuchen“, sagt der Katzenzüchter. „Einfach so. So ist er halt.“

„Glaubst du, der putzt sich die Füße ab?“ fragt die Goldschmiedin. „Der Pong nie! Kommt rein und ist da. Und ich kann nachher saubermachen.“

„Jaja“, sagt die Schaustellerfrau. „Ich hab' die Wäsche zum Bleichen auf die Wiese gelegt, und wer latscht drüber? Der Pong!“

„Sprecht ihr von mir?“ hören sie da plötzlich den Pong fragen.

Direkt neben ihnen steht er, in seinen prachtvollen, zerzausten Kleidern, strahlend und so lebendig, daß man es spüren kann. Er lacht die Leute an, und die Kinder klettern gleich an ihm hoch.

„Ich kriege zehn Tüten Kirschen“, sagt der Pong zum Obstverkäufer, „und zwanzig Bananen.“

Und dann verteilt er an alle, die ringsum stehen.

„Oh, danke“, sagen die Leute. „Toll!“

Der Pong ißt eine Mohrrübe, daß es nur so kracht. Alle müssen hinschauen, ob sie wollen oder nicht.

„Ja“, sagt der Obstverkäufer da plötzlich, „wenn das alles ist, bekomme ich fünfzehn Mark sechzig.“

„O weh!“ sagt der Pong und fummelt in seinen Taschen herum. „Ich hab’ vergessen, Geld einzustecken.“

„Wenn’s dir nichts ausmacht, übernehme ich das“, schlägt der Boxer vor.

„Kriegst es morgen wieder!“

Der Pong klopft ihm auf die Schulter. Dann geht er.

„Dieser Pong“, sagt die Puppenspielerin, „er ist . . .“

„Tja“, sagt der Katzenzüchter, „er ist wirklich . . .“

„Er ist einmalig“, sagt die Goldschmiedin.

Und sie alle denken, daß einem überhaupt nichts übrigbleibt, als den Pong gern zu haben.

Pong mag nicht schwach sein

Manchmal hat Oma Kaiser Kopfschmerzen, und dem Mann der Goldschmiedin tut hin und wieder der Bauch weh. Der Katzenzüchter kriegt leicht einen Schnupfen, und die Schaustellerfrau hat einen nervösen Schluckauf.

„Na“, fragt der Pong dann, „geht es schon wieder besser?“

Und er wartet die Antwort nicht ab, denn Krankheit mag er nicht leiden. Im Herbst hat er sich mit dem Hammer auf den Daumen gehauen. Das hat er keinem erzählt, obschon es sehr weh getan hat.

„Wie geht es dir?“ fragt Oma Kaiser ihn manchmal.

„Ja, gut natürlich!“ sagt der Pong.

Aber einmal geht es ihm gar nicht gut. Am Morgen ist er noch munter gewesen. Fünf Tassen Kaffee hat er getrunken, dann

ist er zwanzigmal ums Haus gelaufen als Frühgymnastik.

Und anschließend ging es ihm auch noch gut. Da hat er die Möbel umgeräumt. Sogar den schweren Schrank hat er ganz allein fortgeschoben.

Viel später erst ist ihm schlecht geworden. Da hatte er schon drei Stunden Holz gehackt für den Winter.

„Es ist nichts“, hat der Pong vor sich hin gesagt. „So einer wie ich ist stabil!“

Aber dann hat er doch ganz weiche Knie gekriegt und sich hinsetzen müssen.

Die Kinder merken es zuerst.

„Der Pong ist krank!“ rufen sie. „Er ist ganz blaß!“

Gleich laufen die Leute zusammen. Und da ist es auf einmal aus mit dem Pong. Immer hat er geglaubt, daß ihm nichts passieren kann, daß er unverwundbar ist.

Und weil das nun doch nicht stimmt, fährt ihm so der Schreck in die Glieder, daß er in Ohnmacht fällt.

Der Boxer und der Schausteller packen zu und tragen den Pong ins Bett.

„Er hat sich überanstrengt“, sagt Oma Kaiser. „Jetzt braucht er Ruhe.“

„Es ist schon wieder gut!“ ruft der Pong da und schwingt die Beine aus dem Bett.

Aber er kennt Oma Kaiser schlecht.

„Mein lieber Pong“, sagt sie, „nur ein dummer Mensch glaubt, daß er immer stark sein kann.“

Nein, ein dummer Mensch möchte der Pong nicht sein. Gehorsam läßt er sich wieder in die Kissen sinken. Er macht die Augen zu und ruht sich aus.

Pong verscheucht Gespenster

Einmal ist der Schausteller mit seiner Frau und den größeren Kindern zu einem Besuch in die Nachbarschaft aufgebrochen. Das Minchen wollte nicht mit.

„Es wird aber spät“, sagte die Mutter.

„Macht nichts“, sagte das Minchen, „ich spiele mit meiner Puppe.“

Dämmerig wurde es und dunkel. Da gingen alle Leute ins Bett, und auch das Minchen schlief ein.

Der Pong in seinem Haus auf dem Hügel streckte sich wohlig und schnarchte.

Weil aber der Katzenzüchter vergessen hatte, sein Fenster zu schließen, waren die Katzen zu Pong hinaufgelaufen. Sie lagen auf seinem Bauch und auf seinen Beinen und schnurrten. Da wurde dem Pong im Traum so schwer, daß er aufwachte.

„Ach, ihr seid da“, sagte er.

Er spitzte die Ohren. Von der Stadt her trug der Nachtwind ein Kinderweinen herauf.

Wenn das nicht das Minchen ist, dachte der Pong. Schnell sprang er in die Hose und sauste los.

Das Minchen war plötzlich aus seinem Schlaf hochgeschreckt und hatte Gespenster gesehen. Sie zappelten und flatterten an der Wand herum. Gräßlich waren sie und unheimlich, und sie kicherten und raschelten und balgten miteinander.

Als die Tür mit einem Ruck aufflog, glaubte das Minchen, daß es nun ganz und gar verloren sei.

„Ich bin's", sagte der Pong.

„Paß auf!" schrie das Minchen. „Da sind Gespenster im Zimmer!"

Aber gleichzeitig sah es, daß überhaupt kein einziges Gespenst mehr da war. Nur der Pong stand in der Mitte des Raumes, groß und breit und stark und ganz und gar lebendig.

„Wo ich bin, sind niemals Gespenster", sagte der Pong. Er wischte dem Minchen mit einem Vorhangzipfel die Augen trocken.

„Ich sehe mal nach, ob ich sie draußen erwische. Dann werde ich sie verprügeln."

Und er nahm den Teppichklopfer aus der Küche und stürmte hinaus. Bald darauf hörte das Minchen, wie der Pong die Gespenster gewaltig verdrosch.

„So“, sagte er, als er wieder hereinkam, „die kommen sicher nie wieder.“

Und das stimmte auch. In der ganzen Stadt ist niemals wieder ein Gespenst gesehen worden.

Pong tut, was nötig ist

An den langen Winterabenden sitzen die Leute manchmal zusammen und erzählen sich was. Sie trinken Tee, knacken Nüsse und essen Bratäpfel. Und draußen heult der Wind ums Haus.

„Ja, ja“, sagt Oma Kaiser, „es gibt mehr Dinge zwischen Himmel und Erde, als man glaubt!“

Die anderen nicken.

„Einmal habe ich geträumt, daß ich er-

trinke“, berichtet der Boxer. „Und was glaubt ihr? Als ich wieder aufwachte, war ein Leitungsrohr geplatzt und die ganze Wohnung stand unter Wasser!“

„Ja, ja“, sagen die Leute, „ja, ja.“

Der Pong schweigt.

„Ich hab’ mal Zahlen geträumt“, erzählt die Goldschmiedin. „5 – 12 – 13 – 20 – 24 – 30. Die sind dann im Lotto gekommen. Wenn ich getippt hätte, wäre ich reich.“

„Ja, ja“, sagen die Leute.

Der Pong schweigt und lauscht hinaus.

„Das ist noch gar nichts“, sagt die Puppenspielerin. „Mir ist es passiert, daß ich plötzlich ganz deutlich die Stimme meines verstorbenen Opas gehört habe. ‚Zieh die Kommode von der Wand‘, hat die Stimme gesagt, ‚und schau dahinter.‘“

„Und was war da?“ fragt Oma Kaiser.

„Da lag mein goldener Ring mit dem roten Stein. Den hatte ich schon lange gesucht.“

„Das spricht dafür, daß du zu selten saubermachst“, sagt der Pong.

Da ist die Puppenspielerin gekränkt.

„Ich erinnere mich“, sagt der Schausteller und stopft seine Pfeife, „daß wir einmal in Hamburg waren. Da hat es nachts an die Tür unseres Wohnwagens geklopft. Poch, poch, poch – und wieder dreimal poch, poch, poch. Wir haben uns nicht getraut aufzumachen. Am Morgen haben wir erfahren, daß in der Nacht ein Schiff versunken ist.

Vielleicht waren es die Seelen der Ertrunkenen, die Einlaß begehrten."

Da läuft es allen im Zimmer eiskalt den Rücken hinunter.

„Ich hatte mal eine Erscheinung", beginnt Oma Kaiser.

„Pst!“ tuschelt da der Mann der Goldschmiedin. „Draußen scharrt was!“

Schon hören sie es alle. Der Boxer springt auf.

„Pong!“ ruft er.

Aber der Pong ist nicht da.

Sie schieben den Vorhang zur Seite und schauen hinaus. Da ist die Welt ganz weiß, und der Pong schaufelt Schnee.

„Seit zwei Stunden schneit es schon“, sagt er, als sie zu ihm nach draußen kommen. „Wenn ihr in anderen Welten seid, dann will wenigstens ich dafür sorgen, daß hier das Notwendige geschieht.“

„Ja, ja“, sagt Oma Kaiser, „wenn wir den Pong nicht hätten! Der Pong ist schon richtig!“

Pong läßt alles, wie es ist

Manchmal ist Aufregung in der Luft. Da sind die Leute nervös und wissen nicht, warum.

„Es liegt am Wind", sagt Oma Kaiser, „der macht einen völlig verrückt."

„Das ist aber keine Entschuldigung dafür, daß der Boxer den ganzen Morgen so laut singt, daß mir der Kopf weh tut", sagt die Goldschmiedin.

„Soll er doch", meint der Pong, „tu dir Watte in die Ohren."

„Hilf mir mal, die Kinder zur Ordnung zu rufen", bittet ihn die Schaustellerfrau. „Sie streiten und streiten!"

„Die hören von selber wieder auf", sagt der Pong. Er schiebt sich ein Pfefferminzbonbon in den Mund und zerbeißt es.

„Das ist aber nicht gut für die Zähne", ruft die Goldschmiedin ihm zu.

„Jaja“, sagt der Pong, „laß doch jeden tun, was er will.“

„Wo kämen wir da hin?“ fragt die Puppenspielerin, die die Puppenkleider auf die Wäscheleine hängt.

Der Pong zuckt die Achseln und dreht sich um. Aber er kann nicht weggehen, weil der Katzenzüchter gerade herüberstürmt.

„Pong“, schreit er, „hilf mir suchen! Samt und Seide sind verschwunden! Meine schönsten Katzen.“

„Die machen einen Spaziergang“, sagt der Pong. „Die kommen von selber zurück.“

„Das ist doch . . .“ Dem Katzenzüchter bleibt der Mund offenstehen.

„Um nichts kümmert er sich“, ruft Oma Kaiser, „nicht einmal seine Sonnenblumen gießt er bei dieser Hitze!“

„Ich kümmere mich um mich selber“, sagt der Pong. „Die Sonnenblumen wird der Regen gießen.“

Und er geht bedächtig den Hügel hinauf

zu seinem Haus. Da setzt er sich auf die Bank und läßt es sich gutgehen. Er schaut den Wolken zu und freut sich, als die ersten Regentropfen fallen.

Am Abend ist der Himmel wieder klar. Da geht der Pong hinunter und besucht die Leute.

Der Boxer hat aufgehört zu singen. Die Kinder schlafen friedlich in ihren Betten, und Samt und Seide sind wieder heimgekommen.

„Na also“, sagt der Pong.

„Das war ein Tag!“ Oma Kaiser sucht ihre Baldriantropfen. „Wir sind fix und fertig!“

„Na ja“, sagt der Pong, „so seid ihr halt.“

Pong jagt den Drachen

Im Herbst bläst der Wind die Blätter aus den Bäumen, die roten, die gelben und die grünen. Wie bunte Vögel schweben sie in der Luft. Auf einmal aber schwebt da noch etwas, etwas Größeres.

„Ein Drachen!“ schreien die Kinder. „Den wollen wir haben!“

Und sie rennen los. Der Drachen ist weiß und blau. Er hat ein Gesicht mit großen Augen und einen Drachenschwanz. Alle Leute stehen da und schauen empor. Und als der Drachen sich auf einem Hausdach niederläßt, holt der Schausteller eine Leiter und steigt hinauf.

„Gleich hat er ihn“, sagen die Leute.

Aber als der Schausteller ihn fast greifen kann, hebt sich der Drachen zierlich und leicht und fliegt weiter.

„Nein!“ schreien die Kinder. „Bleib hier!“

Doch der Papiervogel stört sich nicht daran. Er schaukelt ein wenig im Wind, dann setzt er sich auf eine Laterne.

„Jetzt!“ ruft die Puppenspielerin. „Wer holt ihn?“

Der Pong kneift die Augen zusammen und blinzelt empor.

„Da kann ich rauf“, sagt der Mann der Goldschmiedin, der schlank ist und zart. Wie ein Affe kraxelt er den Laternenpfahl hoch. Fast erwischt er den Drachen auch, aber nur fast. Denn als er die Hand ausstreckt, nimmt ein kleiner Windstoß den Papierdrachen mit. Schwupp – ist er fort.

Die Leute blicken einander an und sind enttäuscht.

Der Pong aber schaut nur dem Drachen nach, und es juckt ihn in den Fingerspitzen.

„Seht!“ schreit der Katzenzüchter. „Jetzt hängt er im Wipfel der hohen Fichte. Er hat sich verfangen.“

„Da kann niemand hinauf“, sagt Oma Kaiser. Die anderen nicken.

Der Pong aber tigert los. Er zieht sich am rauhen borkigen Stamm hoch und kämpft sich durch das stachelige Gewirr von Ästen und Zweigen. Bald hat er blutige Kratzer, doch er gibt nicht auf. Immer höher steigt er, bis in den schwankenden Baumwipfel, der ihn kaum mehr trägt.

Die Leute stehen unten und halten den Atem an. Und dann hat Pong endlich den Drachen gepackt.

„Na?“ sagt er. „Habe ich dich endlich erwischt, Papiervögelchen?“

Sorgsam befreit er den Drachenschwanz und zupft ihn zurecht.

„Willst wohl frei sein?“ fragt er dann.

Und zum Erstaunen der Leute wirft er den Drachen hoch in die Luft dem blauen Himmel entgegen, wo er bald ganz klein aussieht und fern.

Pong erkennt sich selbst

Schon ein paar Tage vor Pongs Geburtstag tuscheln die Leute und flüstern. Ständig huschen sie ins Haus der Puppenspielerin.

Der Pong ist so neugierig, daß er fast platzt. Dann endlich ist sein Geburtstag da.

Heiß ist es, die Grillen zirpen, und es riecht nach Gras, nach Asphalt und Staub.

„Heute habe ich Geburtstag“, sagt der

Pong zu den Sonnenblumen. Neigen sie da ihre Köpfe?

„Pong!“ ruft es von unten. „Komm!“

Und als der Pong den Hügel hinabgeht, sieht er die Überraschung: Die Puppenspielerin hat ihre Bühne aufgebaut. Dann spielt sie ein Stück für den Pong, und die Leute helfen ihr dabei. Nur Oma Kaiser sitzt neben ihm auf der Zuschauerbank.

Der Kasperl tritt auf, die Prinzessin, der Teufel und die Hexe. Und dann . . .

„Aber der sieht ja aus wie ich!“ ruft der Pong. „Das ist ja eine Pong-Puppe!“

Oma Kaiser lächelt.

„Wer bist du?“ fragt der Kasperl den kleinen Pong auf der Bühne.

„Ich bin der Größte“, antwortet der. „Ich kann dich in die Luft stemmen!“

Und schon hebt er den Kasperl hoch. Dann geht das Stück weiter. Auch der Teufel fragt den kleinen Pong.

„Wer bist du?“

„Ich bin der Wildeste“, sagt der. Und er packt den Teufel bei den Hörnern und wirft ihn um.

„Was ist denn da los?“ ruft die Hexe mit ihrer Kreischstimme und erscheint auf der Bühne. „Wer bist du überhaupt?“

„Ich bin der Stärkste weit und breit!" schreit der kleine Pong. „Jetzt puste ich dich hinter die Kulisse!"

„Halt!" ruft da die Prinzessin. Sie ist wunderschön in ihrem rosa Kleid, das mit tausend Funkelsteinen bestickt ist.

„Ich bin ein Löwe", sagt der kleine Pong. „Ich bin der Beste und der Stärkste weit und breit!" Und er wirft sich gewaltig in die Brust.

„Bin ich wirklich so?" flüstert der echte Pong Oma Kaiser zu.

Der kleine Pong auf der Bühne prahlt weiter, auf einmal aber zuckt er und schrumpft merklich zusammen. Er hält sich die Backe und hüpft auf einem Bein.

„Hast du Zahnschmerzen?" fragt die Prinzessin.

Die Hexe kommt herüber, der Kasper und der Teufel. Sie alle streicheln den kleinen Pong.

„Wir haben dich auch lieb, wenn du nicht

so ein Kraftmeier bist. Und weil du das jetzt weißt, kannst du deine Stärke vielleicht etwas mehr nach innen tragen, ja? Wir haben dich nämlich immer lieb!“

Und plötzlich sind es nicht mehr die Puppen, die das sagen, sondern die Leute, die sich neben den echten Pong stellen. Da lacht der Pong, und er ist so gerührt, daß er sich ein paar Tränen aus den Augen wischt.

Pong ist ein Verschwender

In der letzten Zeit ist die Puppenspielerin traurig.

„Vielleicht hat sie Liebeskummer“, sagt der Schausteller. „Wer weiß?“

„Sie ißt zuwenig“, meint Oma Kaiser.

„Sie hat nicht genug Geld“, sagt die Goldschmiedin, „das ist es.“

„Vielleicht träumt sie auch schlecht“, meint ihr Mann. „Das könnte schon sein.“

„Man müßte sich mehr um sie kümmern“, sagt der Boxer.

Doch der Katzenzüchter meint, daß man sich das gut überlegen solle. Denn man wisse ja nicht, was ihr fehle.

Alle Tage machen sich die Leute ihre Gedanken, aber der Pong merkt nichts davon.

„So bist du“, sagt da die Frau des Schaustellers zu ihm. „Die Puppenspielerin ist traurig, und du überlegst nicht mal, warum.“

„Die Puppenspielerin ist traurig?“ fragt der Pong. Und fügt hinzu: „Na, so was! Warum sie traurig ist, ist doch egal!“

Und schon ist er weg. Nach einer Stunde kommt er wieder zurück und ist beladen wie ein Packesel.

„Mach auf!“ ruft er beim Haus der Puppenspielerin. „Ich bin’s, der Pong. Ich hab’ was für dich.“

Er geht hinein, und weil er die Tür offenläßt, sehen die Leute, was nun geschieht.

„Pack aus“, sagt der Pong, „das ist für dich.“

Einen Kuchen hat er gekauft, fünf Flaschen Limonade und einen bunten Hampelmann. Parfüm, ein Halstuch, zwei Teddybären aus Plüsch, Äpfel und Tomaten, Wiener Würstchen, einen großen Blumenstrauß, Bonbons, Schokolade und Lackpantoffeln.

Die Puppenspielerin kann es gar nicht fassen.

Einen Badeanzug schenkt ihr der Pong, eine Pelzmütze, Dominosteine, saure Gurken und einen Ball.

Immer mehr Sachen wickelt sie aus dem

Papier. Auch eine Mundharmonika ist dabei, ein Malkasten und ein Spiegel.

Die Leute staunen nur.

„Der Pong ist ein Verschwender“, sagt der Boxer, und er schüttelt den Kopf.

„Das stimmt vielleicht“, sagt Oma Kaiser, „aber die Puppenspielerin lacht wieder.“

Pong feiert ein Fest

Im Juli findet das große Sommerfest statt. Da baut der Schausteller das Karussell auf dem Platz auf, und von überall her fahren seine Kollegen an. Der mit der Schiffschaukel, der mit der Geisterbahn, die Budenleute, Musiker und Luftballonverkäufer.

Am Samstagabend geht es los. Der Pong strahlt.

„Kommt!“ ruft er den Leuten zu. „Ich lade euch alle ein!“

Da kann natürlich keiner nein sagen. Nur die Katzen bleiben zu Hause.

„Ist das schön hier!“ ruft der Pong. „So bunt und hell und laut!“

Er kauft den Kindern Luftballons, Würstchen mit Senf und Kakao. Dann trägt er sie huckepack, fährt mit ihnen Rutschbahn und Kettenkarussell.

Einigen der Kleinen wird es leider bald schlecht, und sie müssen heimgehen.

„Schade“, sagt der Pong.

Dann macht er einen Schaukampf mit dem Boxer. Die Leute klatschen wie verrückt, und es endet unentschieden.

Der Boxer ist anschließend müde. Er legt sich in die Wiese und schaut in den Sternenhimmel.

„Und nun“, sagt der Pong, „wird getanzt!“

Er legt einen kessen Rock ’n Roll hin. Die Puppenspielerin tanzt mit ihm, die Goldschmiedin und sogar Oma Kaiser.

„Es war ganz toll“, sagt Oma Kaiser dann.

„Aber jetzt muß ich mich ein Stündchen ausruhen."

Der Pong kauft gebratene Hühnchen, türkischen Honig und Magenbrot.

„O weh", sagt der Katzenzüchter, „ich glaube, ich habe ein bißchen viel gegessen!"

Und er verabschiedet sich. Der Pong übt Gewichtheben, „Haut den Lukas", er pfeift und singt, ißt Bratwürste und fährt Autoscooter.

Dann steigt er auf die Schiffschaukel. Hoch hinauf jagt er die Gondel, immer dem Mond entgegen.

„Juchhu!" schreit er. „Juchhu!" Und das Leben macht ihm Spaß. „Wer fährt mit Achterbahn?" fragt er, als er genug hat vom Schiffschaukelfahren.

Da merkt er, daß es so komisch still ist ringsum.

Die Puppenspielerin sitzt auf einem weißen Karussellpferd und schläft. Die Goldschmiedin und ihr Mann sind verschwunden.

Die Kinder liegen in den Wagen der Geisterbahn und träumen. Und die Geisterbahn steht schon lange still. Sogar der Mond zieht sich eben eine Wolke über den Kopf wie ein Federbett.

„So was!“ sagt der Pong. „Mir scheint, das Fest ist vorbei.“

Kleine Betrachtung für Eltern von Löwe-Kindern

Vor Zeiten, als die Menschheit noch jung und unerfahren war, schien die Welt ein Chaos ohne erkennbare Ordnung zu sein.

Da begannen die Menschen nach Orientierungshilfen zu suchen, und sie entdeckten Gleichzeitigkeiten des Geschehens auf der Ebene der Planeten und in ihrer eigenen Umwelt.

Sie erkannten, daß es eine Gesetzmäßigkeit gibt, in die alles eingeschlossen ist – von den Sternen über die Menschenwelt bis hin zum Kleinsten. So bedienten sie sich der Astrologie, die eine Erfahrungslehre ist und die bis heute gültig blieb.

Nach astrologischen Regeln ist das Jahr in zwölf Abschnitte aufgeteilt. Diese zwölf Abschnitte nennt man die Tierkreiszeichen.

Der Tierkreis besteht aus der Bahn der Sonne und ihrer Wandelsterne. Wenn jemand in der Zeit zwischen dem 23. Juli und dem 22. August auf die Welt kommt, so steht die Sonne zur Zeit seiner Geburt im Löwen. Das gibt einen Hinweis auf sein Verhalten.

Pong, die Zentralfigur dieses Buches, stellt den „reinen" Löwen dar. Es sind positive wie auch negative Auswirkungsmöglichkeiten aufgezeigt.

Dieses Buch gibt nur einen winzigen Ausschnitt astrologischer Erkenntnis wieder, weil außer dem Stand der Sonne viele andere Fakten von Bedeutung sind. Genaue Angaben über das Schicksal eines Menschen kann man erst dann machen, wenn man sein persönliches Horoskop exakt errechnet und zu deuten versteht.

Pong führt im Rahmen seiner Erlebnisse und Abenteuer vor, wie sich der Löwe verhält. Vielleicht tragen die Geschichten ein wenig zur Verständigung zwischen Löwe-Kindern und ihren Eltern bei. Jedenfalls sind sie als vergnügliche Lektüre für Löwe-Kinder und ihre Mütter und Väter gedacht.

Das Löwe-Kind ist ein König – selbstbewußt, kraftvoll und mutig. Vielleicht ist es manchmal taktlos, aber immer schützt es die, die schwächer sind.

Geburtsherrscher des Löwen ist die Sonne, die Leben und Wärme spendet. Sie gibt ihm Eigenständigkeit, Ausdrucksfähigkeit und Herzlichkeit.

Das Löwe-Element ist das Feuer. Und feurig ist der Löwe, heftig und vital. Er tobt sich aus bis an die Grenzen seiner Möglichkeiten. Wenn er darüber hinausschießt, geht es ihm allerdings schlecht.

Wer zwischen dem 23. Juli und dem 22. August geboren ist, hält sich für unverletzlich. Tatsächlich kann er sich lange verausgaben, ohne Schaden zu erleiden. Fühlt er sich aber einmal körperlich schwach oder krank, so gerät er in Angst.

Ein echter Löwe ist ganz im Hier und Jetzt. Für ihn findet das Paradies auf der Erde statt. Und er ist der Gebieter über diese Fülle an Pracht und Herrlichkeit. Sein Lernprozeß besteht darin, auch die Schattenseiten des Lebens anzusehen. Er neigt zur „Flucht in die Freude“.

Löwe-Kinder drücken aus, was sie fühlen, ehrlich und rücksichtslos. Sie sind die Führer jeder Gruppe. In naiver Ich-Bezogenheit fordern sie Ruhm und Ansehen.

Bei Geburtstagseinladungen setzen sie sich auf das Seidenkissen in der Mitte des Sofas, und sie nehmen sich ohne zu zögern das größte Stück Kuchen.

Weist man sie zurecht, so kränkt man sie in ihrem stark ausgeprägten Stolz. Tatsächlich sind sie stets bereit, alles, was sie gewonnen haben, wieder herzuschenken. Es geht ihnen nicht um Besitz, sondern nur um das Erjagen der Beute.

Der Löwe ist tatkräftig und sportlich. Aber er kämpft nicht um des Kampfes willen. Er wird in eine Rauferei eingreifen, um einem Unterlegenen beizustehen. Und er wird auch die Katze retten, die sich in den Baum verstiegen hat. Anschließend müssen sich die Befreiten dann selber helfen. Der Löwe wendet sich wieder der eigenen Person zu.

Vielleicht tut er nichts, denn das kann er: gelassen sein, faul sein, nur dasein. Und dabei strahlt er die gleiche Würde aus wie sein Namensvetter in der Wüste.

Dem typischen Löwen mangelt es an Menschenkenntnis. Oft gibt er dem anderen neben sich nicht genug Raum, weil er selber so raumfüllend ist.

Bittet man ihn um etwas, so wird er stets großzügig reagieren. Er ist der, der die ganze Hand gibt, wenn man den kleinen Finger will.

Man sollte einen Löwen nicht wegschicken, um eine Zitrone im Supermarkt zu kaufen. Er bringt unweigerlich noch drei Brote, Zervelatwurst, Kakao, fünfzehn Heringe in Gelee und Krokantschokolade mit. Wenn man das alles nicht braucht, so kann man es doch verschenken.

Löwe-Kinder sind Vollblutmenschen. Sie sind laut und gestaltungsfreudig, malen die Wände an und spielen Trompete. Wenn man sie nicht gebührend bewundert, werden sie anfangen zu prahlen.

Sie sind schon früh recht selbständig und unabhängig und reagieren weniger auf Befehle als auf gutes Zureden. Nach bewältigtem Spiel kommen sie mit zerrissenen Kleidern nach Hause. Sachen bedeuten dem Löwen nicht viel.

Löwe-Kinder sind kräftig und stämmig gebaut und haben oft die typische Löwenmähne. Sie sind lebenshungrig und spielbesessen.

Ob sie sich für die Schule interessieren, hängt weitgehend von ihren Lehrern ab. Ideen, Vorstellungen und abstrakte Entwürfe können für sie nie so wichtig werden wie das volle, saftige Leben. Und das findet auf dem Schulhof statt.

Die Farbe des Löwen ist Weiß – denn Weiß ist die Summe aller Farben. Und „alles oder nichts“ ist eine Löwe-Devise.

Die besten Spielkameraden sind oft Widder- und Schütze-Kinder. Die sind temperamentvoll wie sie selber. Die originellen Wassermann-Kinder üben aber ebenfalls Anziehung aus.

Wenn sie genügend Anerkennung finden, können Löwen treue Freunde sein. Immer aber werden sie Fremdeinflüssen weitgehend widerstehen und sich selber treu bleiben.

Inhalt

23.7.-23.8.
23.7.-23.8.
23.7.-23.8.
23.7.-23.8.
23.7.-23.8.
23.7.-23.8.